使用上の注意点

パーソナルコンピュータは、機種やバージョンなどが各個人での使用環境によって異なるため、それぞれの機器によって画面環境や動作も異なることがございます。不具合が生じた場合は、お使いの機器をよく調べてください。基本操作などに関するご不明な点は、お使いのパーソナルコンピュータ付属のマニュアルをご確認ください。また、ソフトウェア、ハードウェアに関する使い方については、それぞれ付属のマニュアルをご確認ください。

パーソナルコンピュータやモニタ、プリンタなどの機種によっては、印刷された色とモニタ画面上の色が異なる場合がございます。これは個々の使用環境によるもので、素材データの不備ではございませんのでご了承ください。

本の見方

書籍本体は、データのカタログとしてお使いください。ページの中から使いたい素材を選び、掲載されているフォルダの順に開いていきます。

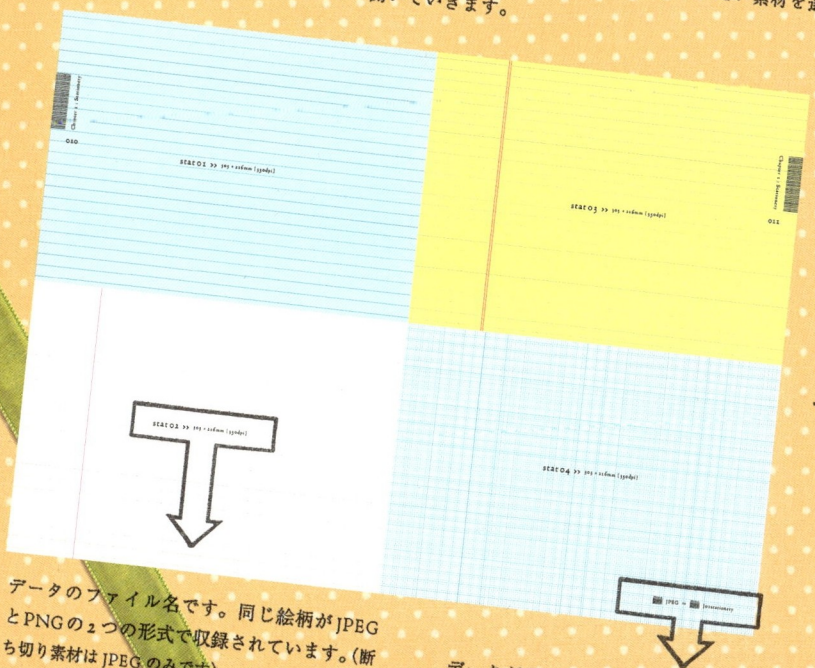

データのファイル名です。同じ絵柄がJPEGとPNGの2つの形式で収録されています。(断ち切り素材はJPEGのみです)
掲載されている画像サイズは350dpiで使用したときの天地×左右のおよその大きさです。

データが入っているフォルダを表します。このページのデータを使いたい時はこの順番にフォルダを開いてください。

フォルダ構成

TEXTURE

「TEXTURE」DVD-ROM を開くと「JPEG」
「PNG」の 2 つのフォルダが入っています。

JPEG　　　　PNG

「JPEG」フォルダの中には、このように 12 個のフォ
ルダが入っています。それらを開くと 3 階層目にそれ
ぞれのフォルダの中に入っているデータが現れます。

J01stationery

J02craft

J03antique

J04s_paper

J05cloth

J06lace

J07label

J08tape

J09slip

J10tag

J11ribbon

J12others

stat19.jpg

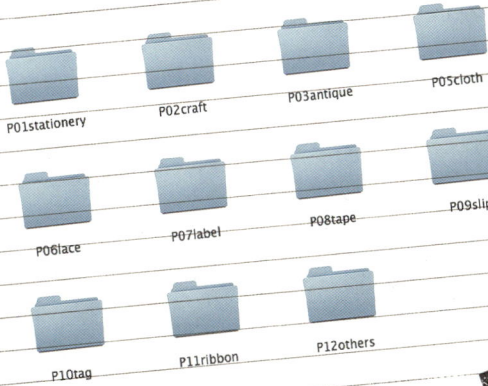

「PNG」フォルダの中には、このように 11 個のフォルダが入っています。それらを開くと 3 階層目にそれぞれのフォルダの中に入っているデータが現れます。

stat19.png

P

Contents

STATIONERY

folder,1

chapter1

09

010

stat 01 >> 303 × 216mm [350dpi]

stat 02 >> 303 × 216mm [350dpi]

stat 03 >> 303 × 216mm [350dpi]

stat 04 >> 303 × 216mm [350dpi]

stat 05 >> 303 × 216mm [350dpi]

stat 06 >> 303 × 216mm [350dpi]

stat 07 >> 303 × 216mm [350dpi]

stat 08 >> 303 × 216mm [350dpi]

20 × 20

stat **09** >> 257 × 364mm [350dpi]

stat 10 >> 257 × 182mm [350dpi]

stat 11 >> 257 × 182mm [350dpi]

20×10

stat 12 >> 97 × 110mm [350dpi]

stat 13 >> 109 × 143mm [350dpi]

stat 14 >> 140 × 100mm [350dpi]

stat 15 >> 200 × 151mm [350dpi]

stat 16 >> 298 × 210mm [350dpi]

Scrap Book **: stat 17 >>** 222 × 167mm [350dpi]

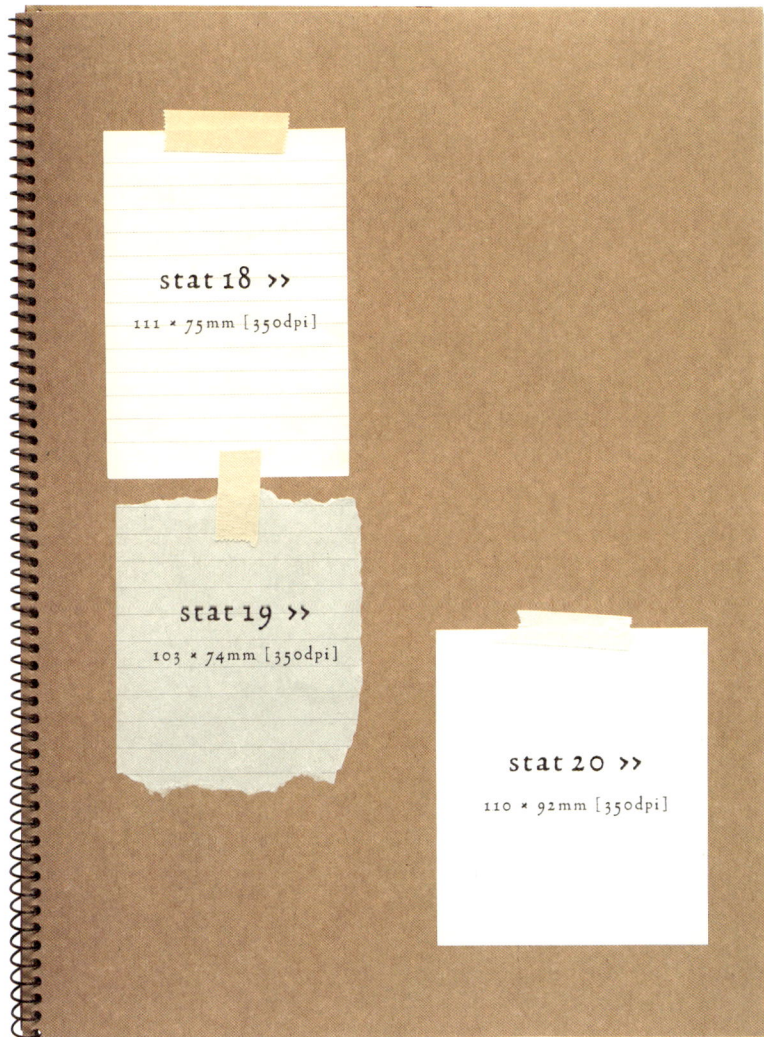

stat 18 >>
111 × 75mm [350dpi]

stat 19 >>
103 × 74mm [350dpi]

stat 20 >>
110 × 92mm [350dpi]

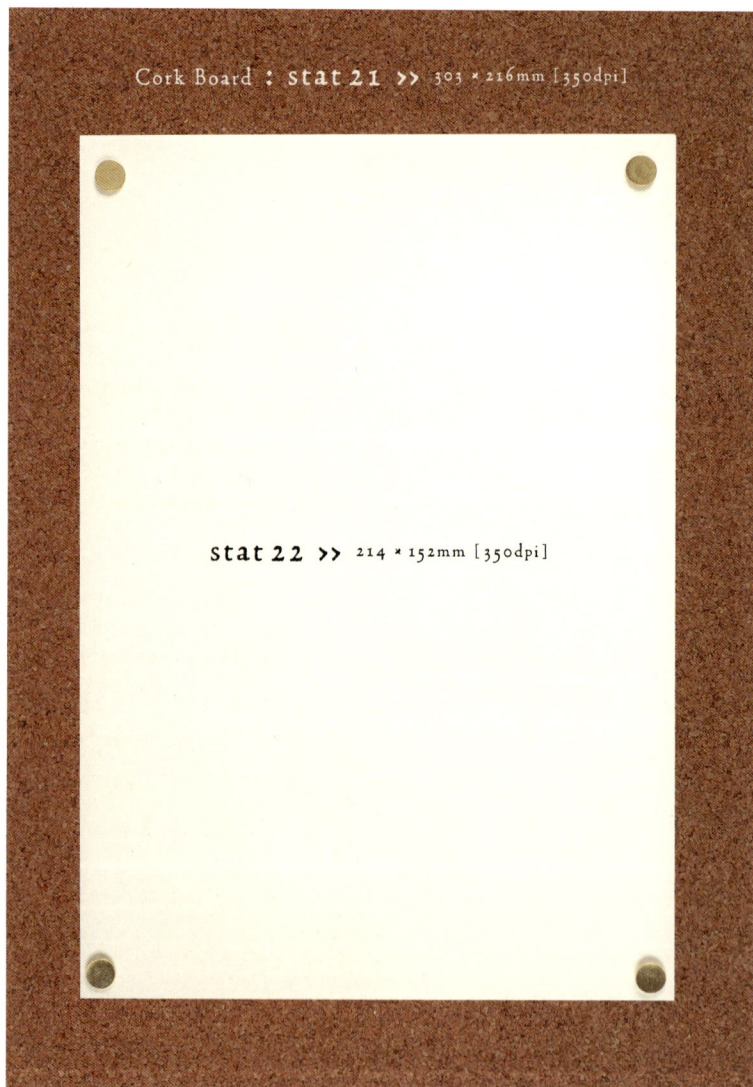

Cork Board : **stat 21** >> 303 × 216mm [350dpi]

stat 22 >> 214 × 152mm [350dpi]

stat 23 ››
82 × 80mm [350dpi]

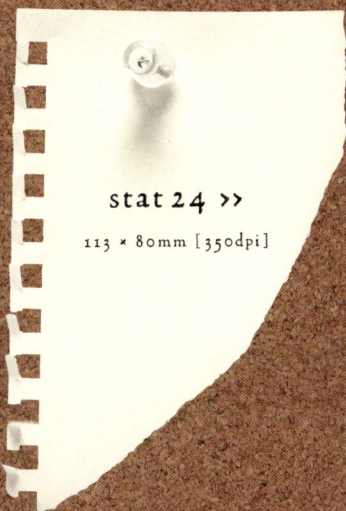

stat 24 ››
113 × 80mm [350dpi]

stat 25 ››
93 × 80mm [350dpi]

stat 26 ››
68 × 80mm [350dpi]

Cork Board : **stat 21 ››** 303 × 216mm [350dpi]

stat 27 >> 100 × 71mm [350dpi]

stat 28 >> 110 × 75mm [350dpi]

stat 29a >> 165 × 230mm [350dpi]

stat 29b >> 131 × 200mm [350dpi]

JPEG >> J01stationery / PNG >> P01stationery

stat 30a >> 192 × 159mm [350dpi]

stat 30b >>

159 × 123mm [350dpi]

stat 30c >>

159 × 123mm [350dpi]

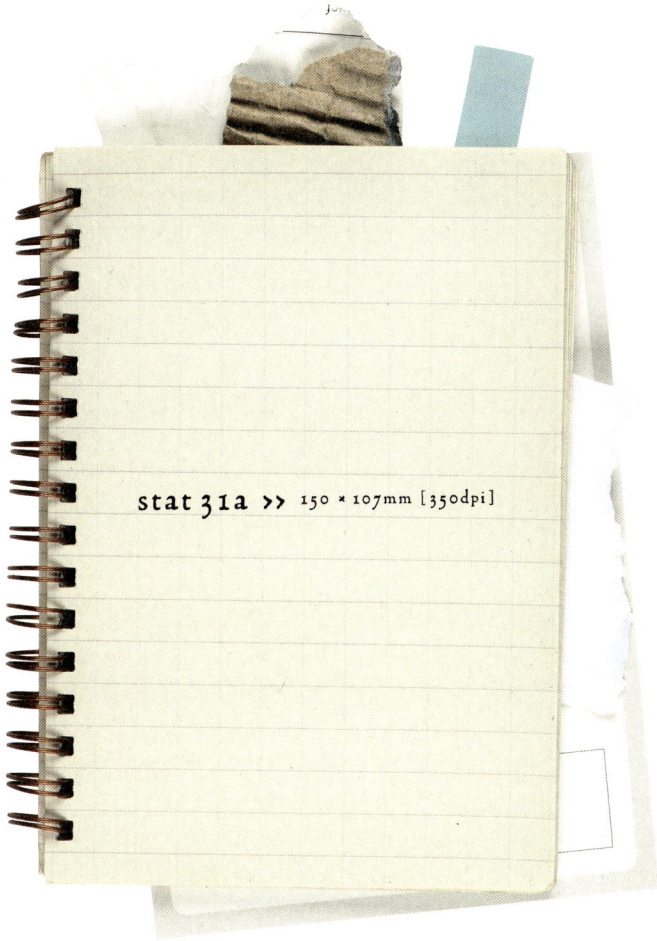

stat 31a ›› 150 × 107mm [350dpi]

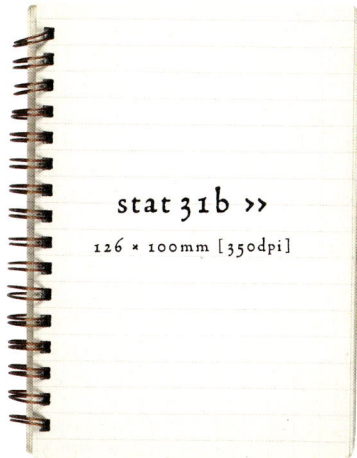

stat 31b ››
126 × 100mm [350dpi]

Date   No.

stat 32 >> 222 × 158mm [350dpi]

stat 33 >> 245 × 170mm [350dpi]

stat 34 >> 235 × 163mm [350dpi]

stat 35 >> 240 × 172mm [350dpi]

stat 36 >> 246 × 175mm [350dpi]

stat 37 >> 236 × 175mm [350dpi]

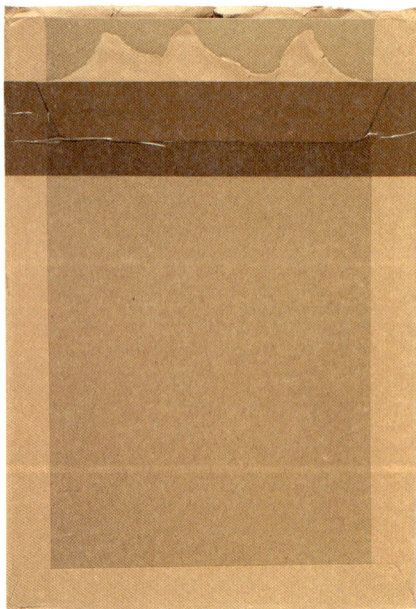

stat 38 >> 243 × 171mm [350dpi]

stat 39 >> 150 × 190mm [350dpi]

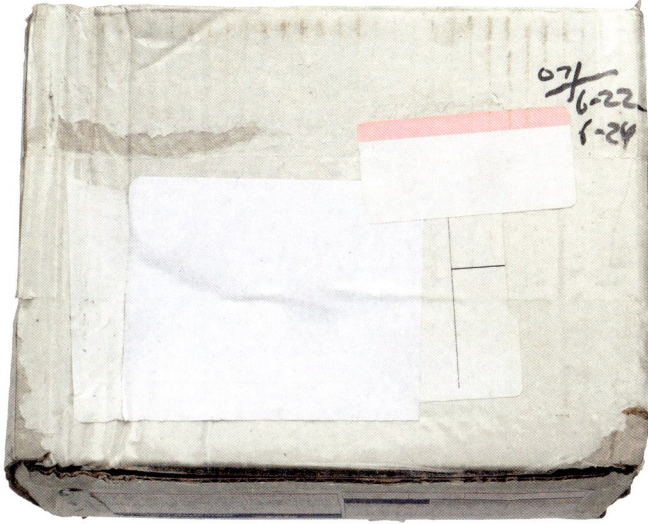

07
6·22
5·24

stat 40 >> 218 × 172mm [350dpi]

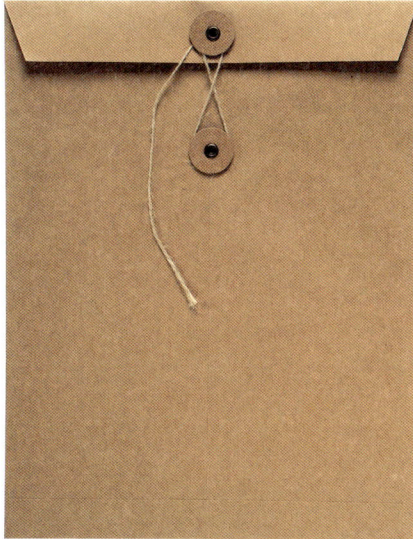

stat 41 >> 113 × 160mm [350dpi]

stat 42a >> 113 × 160mm [350dpi]

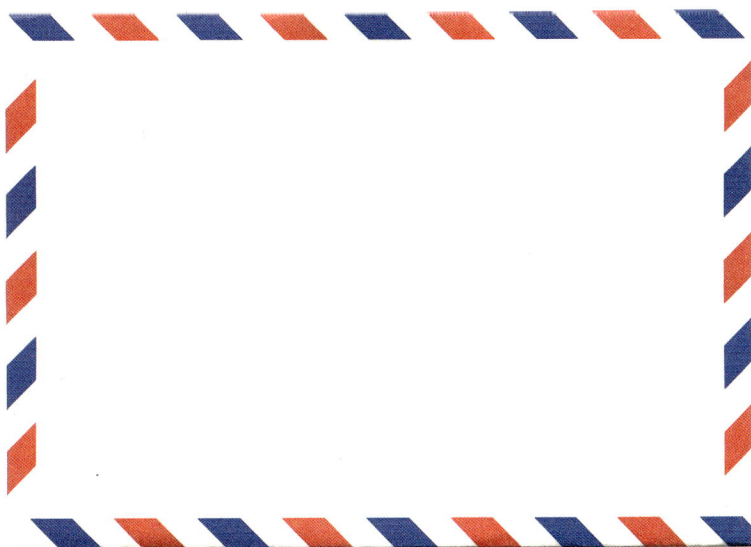

stat 42b >> 113 × 160mm [350dpi]

stat 43a >>

18 × 53mm [350dpi]

stat 43b >>

56 × 68mm [350dpi]

stat 43c >>

27 × 67mm [350dpi]

stat 43d >>

26 × 31mm [350dpi]

stat 43e >>

36 × 142mm [350dpi]

stat 43f >>

19 × 82mm [350dpi]

stat 43g >>

87 × 104mm [350dpi]

stat 43h ››

75 × 71mm [350dpi]

stat 43i ››

34 × 79mm [350dpi]

stat 43j ››

40 × 80mm [350dpi]

stat 43k ››

20 × 73mm [350dpi]

stat 43l ››

23 × 70mm [350dpi]

stat 43m ››

35 × 67mm [350dpi]

stat 43n ››

87 × 87mm [350dpi]

stat 44a >>

98 × 120mm [350dpi]

stat 44b >>

58 × 73mm [350dpi]

stat 44c >>

80 × 116mm [350dpi]

stat 44d >>

87 × 96mm [350dpi]

stat 44e >>

83 × 76mm [350dpi]

stat 44f >>

82 × 106mm [350dpi]

stat 44g ››

91 × 109mm [350dpi]

stat 44h ››

60 × 71mm [350dpi]

stat 44i ››

73 × 80mm [350dpi]

stat 44j ››

84 × 90mm [350dpi]

stat 44k ››

96 × 118mm [350dpi]

stat 44l ››

87 × 87mm [350dpi]

CRAFT folder,2

R A F t

chapter 2

47

craft 01 >> 297 × 210mm [350dpi]

craft 02 >> 297 × 210mm [350dpi]

craft 03 >> 297 × 210mm [350dpi]

craft 04 >> 297 × 210mm [350dpi]

craft 05 >> 297 × 210mm [350dpi]

craft 06 >> 297 × 210mm [350dpi]

craft 07 >> 297 × 210mm [350dpi]

craft 08 >> 297 × 210mm [350dpi]

craft 09a >>

29 × 100mm [350dpi]

craft 09b >>

28 × 70mm [350dpi]

craft 09c >>

47 × 100mm [350dpi]

craft 09d >>

50 × 95mm [350dpi]

craft 09e >>

91 × 100mm [350dpi]

craft 09f >>

61 × 100mm [350dpi]

craft 10a >>

22 × 100mm [350dpi]

craft 10b >>

74 × 106mm [350dpi]

craft 10c >>

33 × 40mm [350dpi]

craft 11a >>

53 × 48mm [350dpi]

craft 11b >>

30 × 50mm [350dpi]

craft 11c >>

40 × 100mm [350dpi]

craft 11d >>

82 × 86mm [350dpi]

craft 11e >>

80 × 87mm [350dpi]

craft 12a >>

28 × 78mm [350dpi]

craft 12b >>

35 × 160mm [350dpi]

craft 13 >>

263 × 74mm [350dpi]

craft 14a >>
21 × 37mm [350dpi]

craft 14b >>
21 × 67mm [350dpi]

craft 14c >>
31 × 40mm [350dpi]

craft 14d >>
31 × 66mm [350dpi]

craft 14e >> 31 × 106mm [350dpi]

JPEG >> J02craft / PNG >> P02craft

craft 15 >>

52 × 370mm [350dpi]

craft 16a >>

31 × 30mm [350dpi]

craft 16b >>

27 × 80mm [350dpi]

craft 16c >> 25 × 120mm [350dpi]

craft 16d >> 27 × 120mm [350dpi]

craft 16e >> 266 × 21mm [350dpi]

craft 17a ››

34 × 80mm [350dpi]

craft 17b ››

51 × 80mm [350dpi]

craft 17c ››

42 × 80mm [350dpi]

craft 17d ››

31 × 80mm [350dpi]

craft 17e ››

48 × 50mm [350dpi]

craft 17f ››

49 × 60mm [350dpi]

craft 17g ››

40 × 80mm [350dpi]

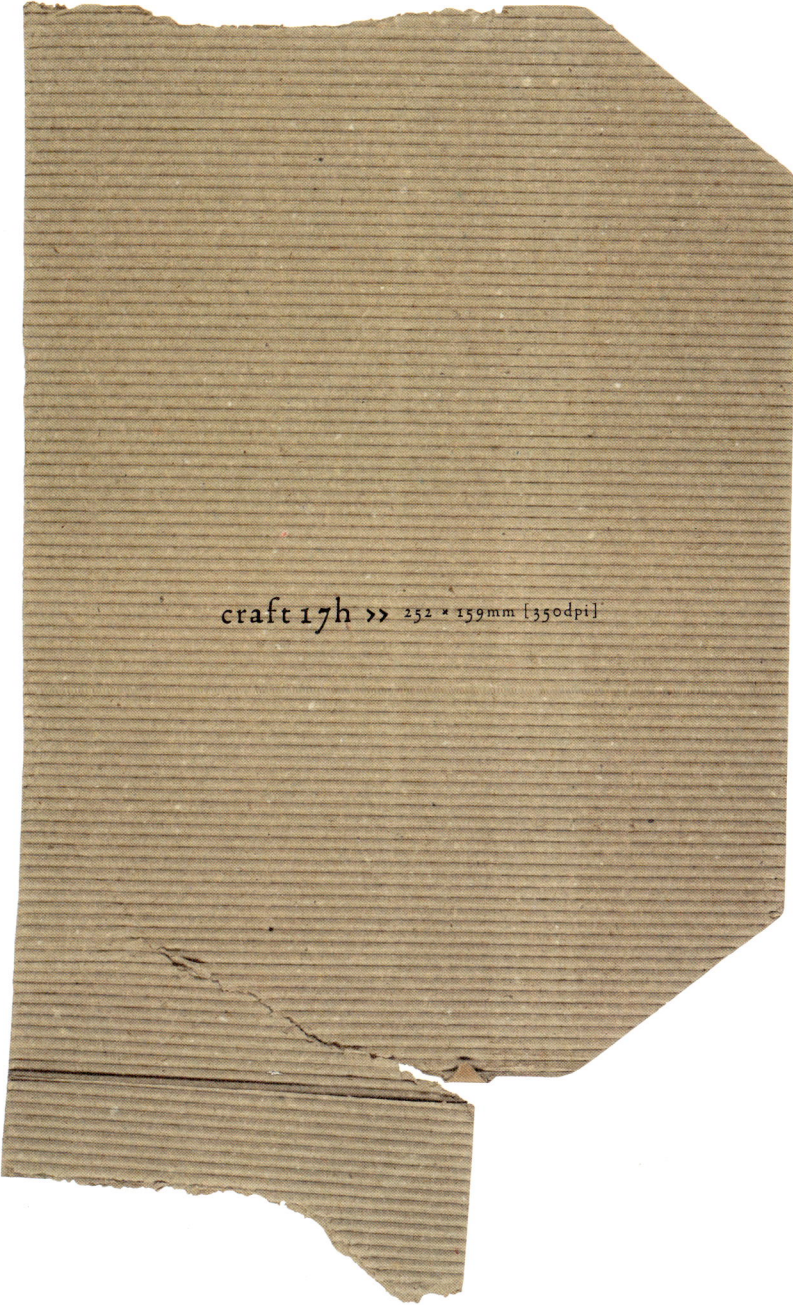

craft 17h >> 252 × 159mm [350dpi]

ANtiQuE

folder,3

chapter 3

ant 01a >> 42 × 80mm [350dpi]

ant 01b >> 40 × 100mm [350dpi]

058

ant 01c >> 52 × 120mm [350dpi]

ant 01d >> 66 × 120mm [350dpi]

ant 01e >> 192 × 144mm [350dpi]

ant02a >> 191 × 151mm [350dpi]

ant 02b >> 40 × 100mm [350dpi]

ant 02c >> 35 × 120mm [350dpi]

ant 02d >> 100 × 145mm [350dpi]

ant 03 >> 114 × 148mm [350dpi]

ant 04 >> 115 × 149mm [350dpi]

ant 05 >> 108 × 149mm [350dpi]

ant 06 >> 116 × 149mm [350dpi]

ant 07 >> 90 × 134mm [350dpi]

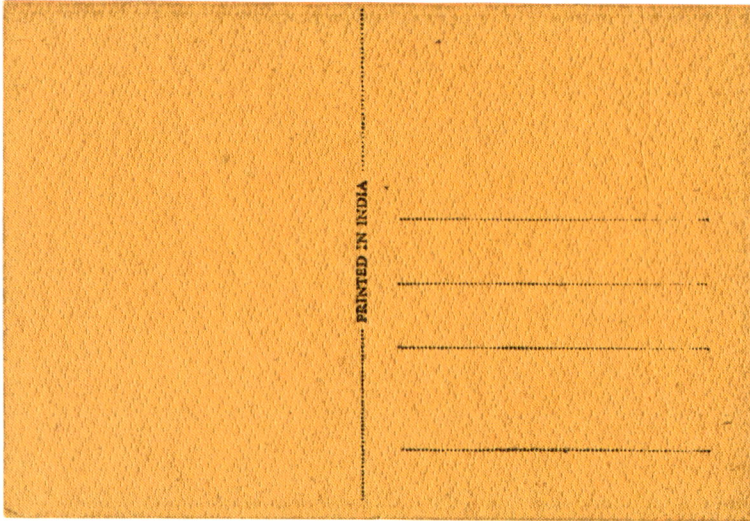

PRINTED IN INDIA

ant 08 >> 90 × 143mm [350dpi]

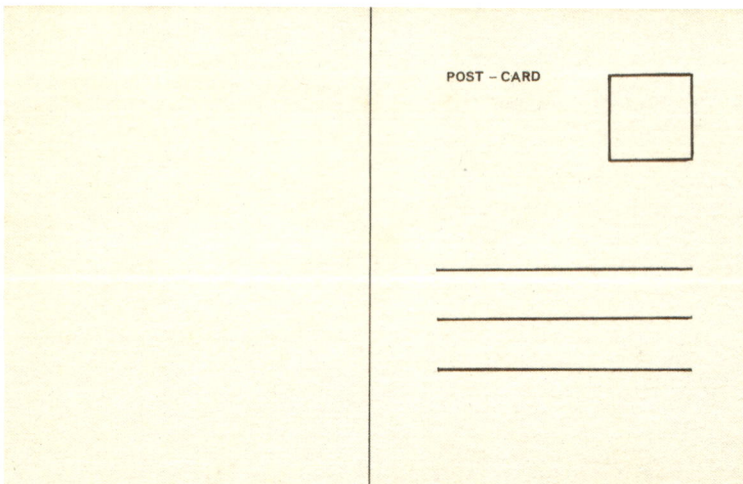

POST – CARD

ant 09 >> 93 × 144mm [350dpi]

ant 10 >> 92 × 142mm [350dpi]

ant 11 >> 92 × 140mm [350dpi]

JPEG >> Jo3antique / PNG >> Po3antique

ant 12 >> 86 × 140mm [350dpi]

ant 13 >> 88 × 150mm [350dpi]

ant 14 >> 278 × 213mm [350dpi]

ant 15 >> 297 × 210mm [350dpi]

ant 16 >> 211 × 165mm [350dpi]

ant 17 >> 354 × 255mm [350dpi]

ant 18 >> 294 × 208mm [350dpi]

ant 19a >>
45 × 58mm [350dpi]

ant 19b >>
44 × 138mm [350dpi]

ant 19c >>
110 × 95mm [350dpi]

ant 20a >>

117 × 96mm [350dpi]

ant 20b >>

102 × 74mm [350dpi]

ant 20c >>

107 × 110mm [350dpi]

Background : ant 21 >> 201 × 129mm [350dpi]

JPEG >> Jo3antique / PNG >> Po3antique

ant 22 >> 126 × 199mm [350dpi]

ant 23 >> 129 × 198mm [350dpi]

ant 24 >> 217 × 162mm [350dpi]

ant 26 >> 226 × 167mm [350dpi]

ant 27 >> 186 × 120mm [350dpi]

ant 28 >> 150 × 189mm [350dpi]

079

ant 29 >> 137 × 224mm [350dpi]

ant 30 >> 141 × 224mm [350dpi]

Cover **: ant 31a** >> 149 × 121mm [350dpi]

Pages **: ant 31b** >> 149 × 240mm [350dpi]

ant 32b >> 146 × 190mm [350dpi]

ant 33a >> 158 × 99mm [350dpi]

ant 33b >> 159 × 189mm [350dpi]

ant 33c >> 149 × 168mm [350dpi]

JPEG >> Jo3antique / PNG >> Po3antique

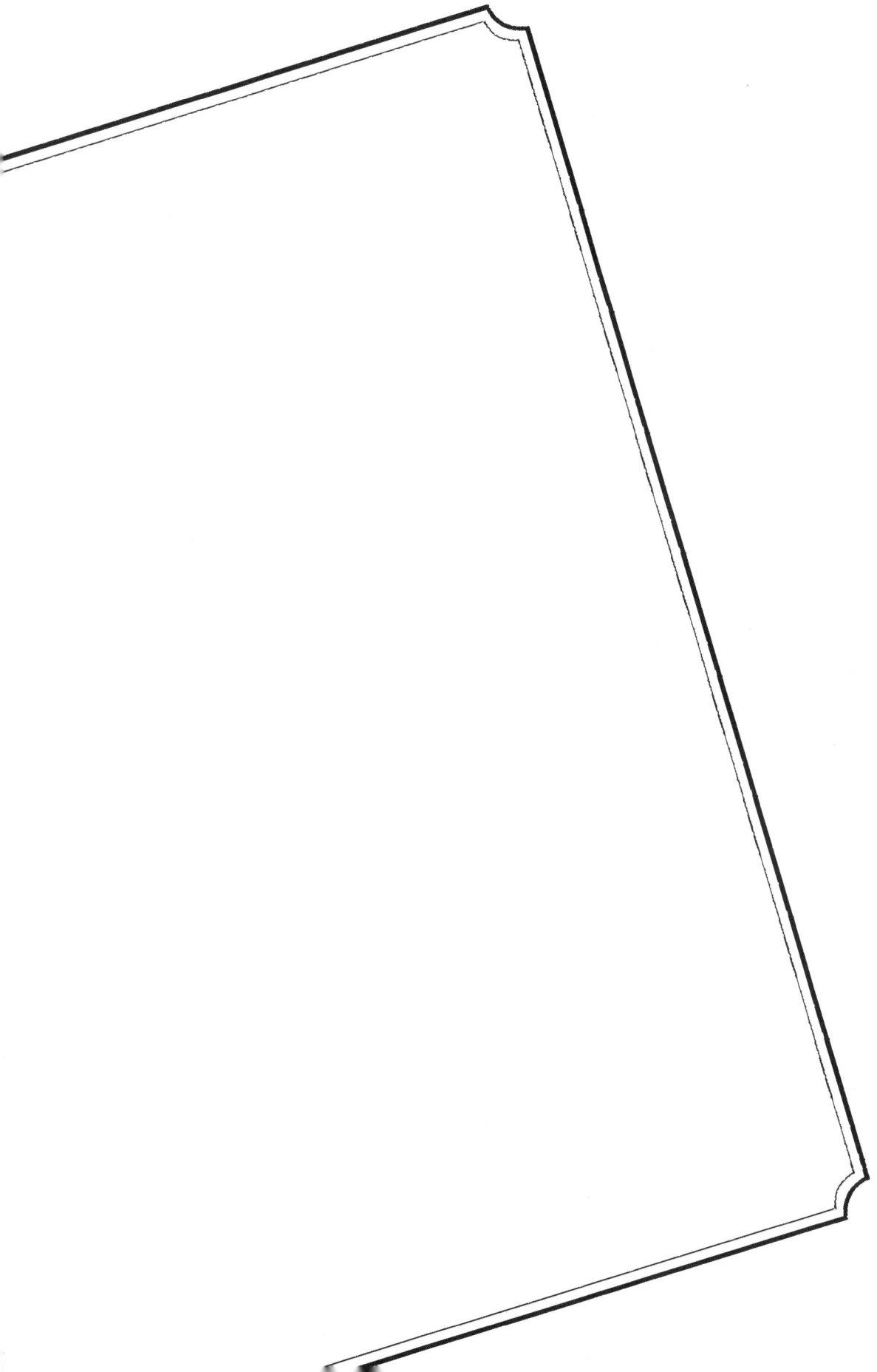

Simple Paper, Linen, Cloth

folder, 4 » 6

chapter 4

s_paper01 >> 303 × 216mm [350dpi]

s_paper02 >> 303 × 216mm [350dpi]

s_paper 03 >> 303 × 216mm [350dpi]

s_paper 04 >> 303 × 216mm [350dpi]

s_paper05 >> 303 × 216mm [350dpi]

s_paper06 >> 303 × 216mm [350dpi]

s_paper07 >> 303 × 216mm [350dpi]

s_paper08 >> 303 × 216mm [350dpi]

s_paper 09 >> 303 × 216mm [350dpi]

Chapter 4 : Simple paper,
Linen. Cloth

092

s_paper 10 >> 303 × 216mm [350dpi]

s_paper 11 >> 303 × 216mm [350dpi]

s_paper 12 >> 303 × 216mm [350dpi]

Chapter 4 : Simple paper,
Linen, Cloth

093

JPEG >> J04s_paper

cloth 01a >> 216 × 303mm [350dpi]

cloth 01b >> 216 × 303mm [350dpi]

cloth 02a >> 216 × 303mm [350dpi]

cloth 02b >> 216 × 303mm [350dpi]

JPEG >> J05cloth

cloth 03a >> 216 × 303mm [350dpi]

cloth 03b >> 216 × 303mm [350dpi]

cloth 04a >> 216 × 303mm [350dpi]

cloth 04b >> 216 × 303mm [350dpi]

Chapter 4 : Simple paper,
Linen, Cloth

097

JPEG >> J05cloth

cloth 05a >> 216 × 303mm [350dpi]

Chapter 4 : Simple paper.
Linen, Cloth

cloth 05b >> 216 × 303mm [350dpi]

cloth 06a >> 216 × 303mm [350dpi]

cloth 06b >> 216 × 303mm [350dpi]

cloth 07 >> 216 × 303mm [350dpi]

···· Chapter 4 · Simple paper, Linen, Cloth

cloth 08 >> 216 × 303mm [350dpi]

cloth 09 >> 216 × 303mm [350dpi]

cloth 10 >> 216 × 303mm [350dpi]

cloth 11 >> 158 × 284mm [350dpi]

cloth 12 >> 219 × 192mm [350dpi]

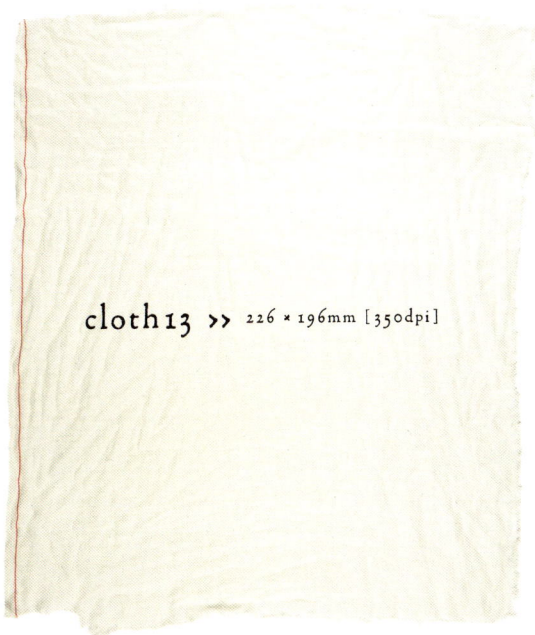

cloth 13 ›› 226 × 196mm [350dpi]

cloth 14 ›› 185 × 283mm [350dpi]

JPEG ›› J05cloth / PNG ›› P05cloth

cloth 15 >> 211 × 184mm [350dpi]

cloth 16a >>
30 × 80mm [350dpi]

cloth 16b >>
37 × 91mm [350dpi]

cloth 16c >>
32 × 190mm [350dpi]

cloth 17a >>
23 × 70mm [350dpi]

cloth 17b >>
31 × 80mm [350dpi]

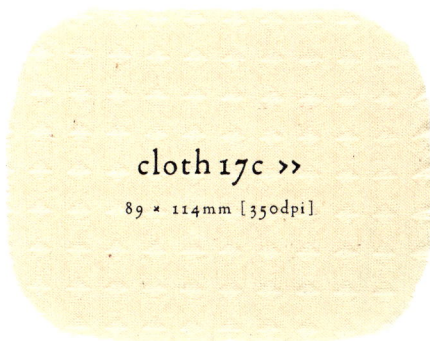

cloth 17c >>
89 × 114mm [350dpi]

cloth 18a >>

45 × 47mm [350dpi]

cloth 18b >>

32 × 70mm [350dpi]

cloth 18c >>

18 × 60mm [350dpi]

cloth 18d >>

33 × 80mm [350dpi]

cloth 18e >>

82 × 100mm [350dpi]

cloth 18f >>

92 × 100mm [350dpi]

cloth 19a ››

24 × 60mm [350dpi]

cloth 19b ››

35 × 70mm [350dpi]

cloth 19c ››

67 × 100mm [350dpi]

cloth 19d ››

71 × 80mm [350dpi]

cloth 19e ››

85 × 100mm [350dpi]

cloth 20a >>

22 × 60mm [350dpi]

cloth 20b >>

38 × 80mm [350dpi]

cloth 20c >>

33 × 190mm [350dpi]

cloth 20d >>

76 × 100mm [350dpi]

cloth 20e >>

95 × 100mm [350dpi]

cloth 21a »
47 × 52mm [350dpi]

cloth 21b »
29 × 70mm [350dpi]

cloth 21c »
34 × 80mm [350dpi]

cloth 21d »
76 × 80mm [350dpi]

cloth 21e »
85 × 100mm [350dpi]

JPEG ›› J05cloth / PNG ›› P05cloth

lace01 >> 13 × 311mm [350dpi]

lace02 >> 10 × 311mm [350dpi]

lace03 >> 18 × 311mm [350dpi]

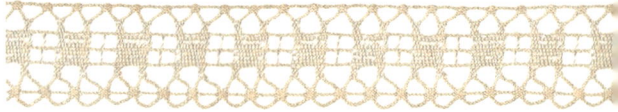

lace04 >> 27 × 311mm [350dpi]

lace05 >> 7 × 311mm [350dpi]

lace06 >> 30 × 269mm [350dpi]

lace07 >> 73 × 120mm [350dpi]

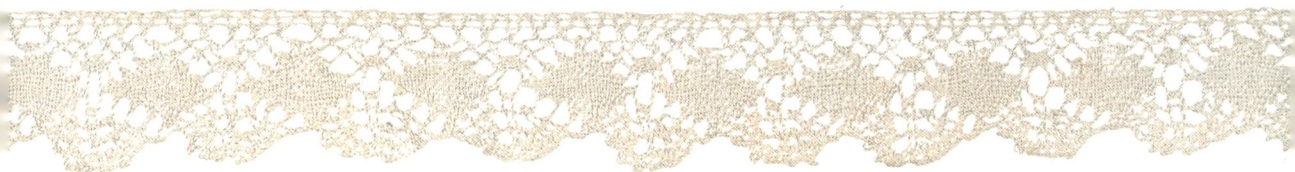

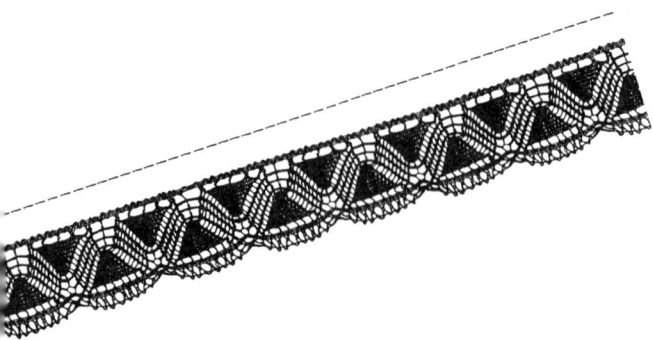

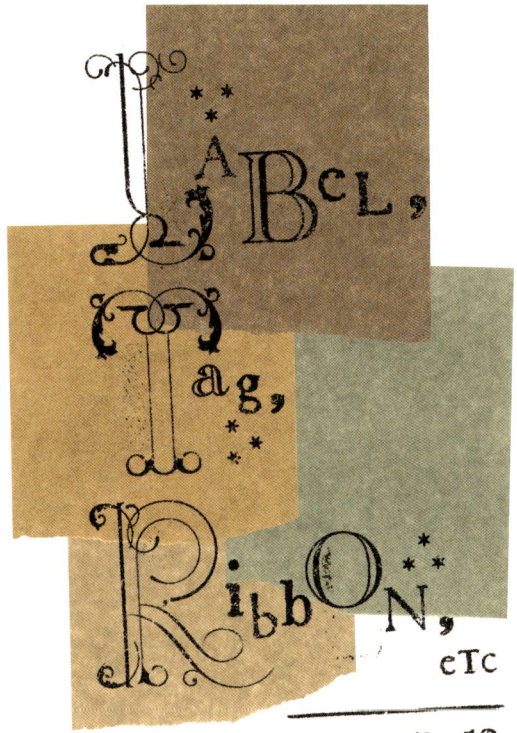

LaBcL,
Tag,
RibbON,
eTc

folder, 7 ›› 12

chapter 5

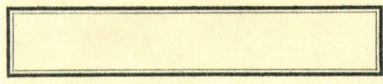

label01a >> 19 × 82mm [350dpi]

label01b >> 19 × 82mm [350dpi]

label01c >> 19 × 82mm [350dpi]

label02a >>
57 × 50mm [350dpi]

label02b >>
57 × 50mm [350dpi]

label03 >>
35 × 34mm [350dpi]

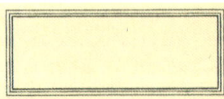

label04a ~ c >> 29 × 69mm [350dpi]

label05 >>
38 × 57mm [350dpi]

label06 >>
50 × 80mm [350dpi]

label 07a~d ›› 29 × 46mm [350dpi]

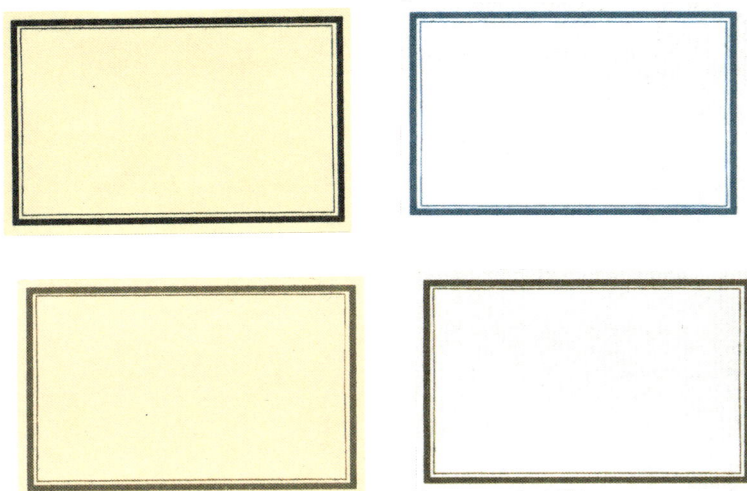

label 08a~d ›› 46 × 73mm [350dpi]

label 09 ››
50 × 73mm [350dpi]

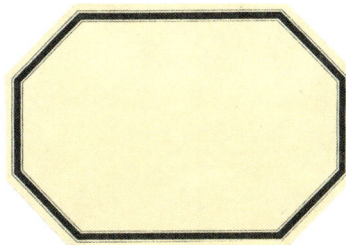

tape 01a >>

13 × 20mm [350dpi]

tape 01b >>

13 × 33mm [350dpi]

tape 01c >>

13 × 52mm [350dpi]

tape 01d >>

19 × 26mm [350dpi]

tape 01e >>

19 × 43mm [350dpi]

tape 01f >>

19 × 68mm [350dpi]

tape 02a >>

12 × 26mm [350dpi]

tape 02b >>

12 × 45mm [350dpi]

tape 02c >>

12 × 82mm [350dpi]

tape 02d >>

18 × 25mm [350dpi]

tape 02e >>

18 × 55mm [350dpi]

tape 02f >>

18 × 89mm [350dpi]

tape 03a >>

21 × 53mm [350dpi]

tape 03b >>

27 × 38mm [350dpi]

tape 03c >>

24 × 47mm [350dpi]

tape 03d >>

28 × 68mm [350dpi]

tape 03e >>

32 × 75mm [350dpi]

tape 04a >>

19 × 36mm [350dpi]

tape 04b >>

19 × 65mm [350dpi]

tape 04c >>

19 × 48mm [350dpi]

tape 04d >>

21 × 55mm [350dpi]

tape 04e >>

21 × 65mm [350dpi]

tape 04f >>

19 × 71mm [350dpi]

tape 04g >>

21 × 85mm [350dpi]

tape 05a >> 13 × 57mm [350dpi]

tape 05b >> 19 × 51mm [350dpi]

tape 05c >> 19 × 71mm [350dpi]

tape 05d >> 19 × 76mm [350dpi]

tape 06a >>

84 × 83mm [350dpi]

tape 06b >>

88 × 100mm [350dpi]

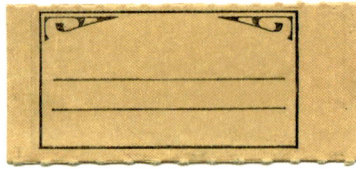

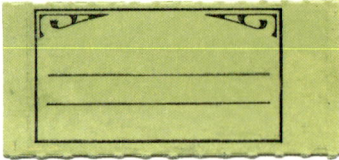

slip 01a~c >>

22 × 47mm [350dpi]

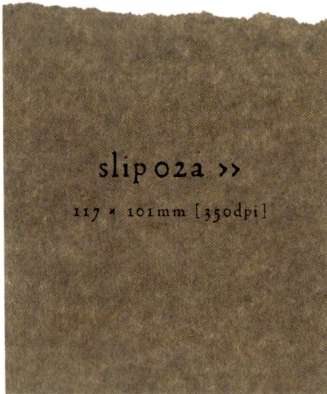

slip 02a >>

117 × 101mm [350dpi]

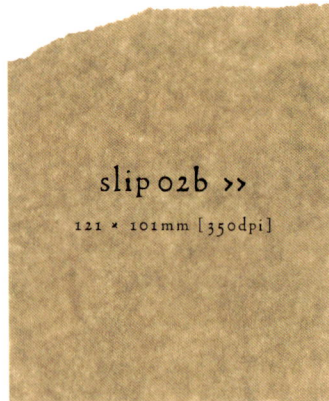

slip 02b >>

121 × 101mm [350dpi]

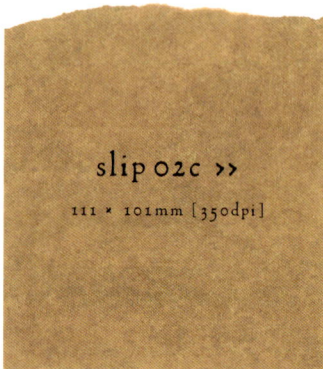

slip 02c >>

111 × 101mm [350dpi]

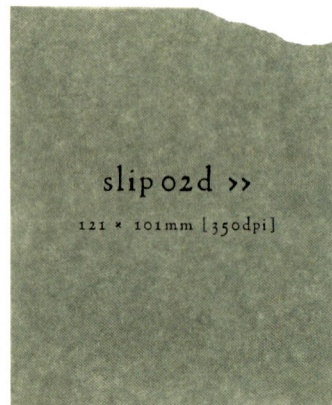

slip 02d >>

121 × 101mm [350dpi]

slip 03a ››

22 × 65mm [350dpi]

slip 03b ››

23 × 62mm [350dpi]

slip 03c ››

26 × 65mm [350dpi]

slip 03d ››

26 × 70mm [350dpi]

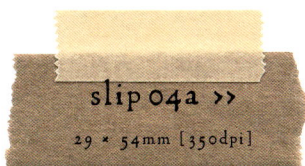

slip 04a ››

29 × 54mm [350dpi]

slip 04b ››

38 × 55mm [350dpi]

slip 04c ››

36 × 50mm [350dpi]

slip 04d ››

38 × 61mm [350dpi]

slip 04e ››

53 × 58mm [350dpi]

slip 04f ››

53 × 66mm [350dpi]

tag01 >>
29 × 100mm [350dpi]

tag03 >>
46 × 120mm [350dpi]

tag02 >>
40 × 100mm [350dpi]

tag06 >>
60 × 120mm [350dpi]

tag04 >>
36 × 120mm [350dpi]

tag05 >>
37 × 100mm [350dpi]

tag07 >>
67 × 150mm [350dpi]

Chapter 5 : Label. Tag. Ribbon. etc.

tag 10b »
30 × 50mm [350dpi]

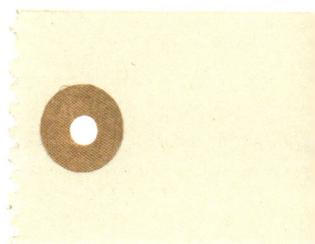

tag 08 »
29 × 160mm [350dpi]

tag 11a »
27 × 50mm [350dpi]

tag 11b »
27 × 50mm [350dpi]

tag 09 »
35 × 120mm [350dpi]

tag 12a »
27 × 50mm [350dpi]

tag 12b »
27 × 50mm [350dpi]

tag 10a » 29 × 50mm [350dpi]

Chapter 5 : Label, Tag, Ribbon, etc.

121

JPEG » J10tag / PNG » P10tag

ribbon 01a >>
22 × 80mm [350dpi]

ribbon 01b >>
12 × 306mm [350dpi]

ribbon 02a >>
24 × 80mm [350dpi]

ribbon 02b >>
12 × 306mm [350dpi]

ribbon 03a >>
19 × 80mm [350dpi]

ribbon 03b >>
12 × 306mm [350dpi]

ribbon 04a >>
18 × 80mm [350dpi]

ribbon 04b >>
12 × 306mm [350dpi]

ribbon 05a >>
19 × 80mm [350dpi]

ribbon 05b >>
12 × 306mm [350dpi]

ribbon 06a >>
30 × 60mm [350dpi]

ribbon 06b >>
19 × 216mm [350dpi]

ribbon 07a >>
24 × 55mm [350dpi]

ribbon 07b >>
13 × 216mm [350dpi]

ribbon 08 >>
35 × 80mm [350dpi]

ribbon 09a >>
37 × 80mm [350dpi]

ribbon 09b >>
14 × 216mm [350dpi]

ribbon 10a >>
31 × 80mm [350dpi]

ribbon 10b >>
14 × 216mm [350dpi]

JPEG ›› J11ribbon / PNG ›› P11ribbon

ribbon 11a ››
35 × 80mm [350dpi]

ribbon 11b ››
14 × 216mm [350dpi]

ribbon 12a ››
32 × 80mm [350dpi]

ribbon 12b ››
17 × 216mm [350dpi]

ribbon 13a ››
35 × 85mm [350dpi]

ribbon 13b ››
17 × 216mm [350dpi]

ribbon 14a ››
23 × 80mm [350dpi]

ribbon 14b ››
12 × 306mm [350dpi]

ribbon 15a ››
33 × 80mm [350dpi]

ribbon 15b ››
17 × 216mm [350dpi]

ribbon 16a ››
23 × 80mm [350dpi]

ribbon 16b ››
12 × 306mm [350dpi]

ribbon 17a ››
18 × 80mm [350dpi]

ribbon 17b ››
12 × 306mm [350dpi]

ribbon 18a ››
34 × 80mm [350dpi]

ribbon 18b ››
8 × 216mm [350dpi]

ribbon 19a ››
30 × 80mm [350dpi]

ribbon 19b ››
8 × 216mm [350dpi]

ribbon 20a ››
29 × 80mm [350dpi]

ribbon 20b ››
8 × 216mm [350dpi]

others 01 >>
48 × 323mm [350dpi]

others 02 >>
10 × 323mm [350dpi]

others 03 >>
10 × 323mm [350dpi]

others 04 >>
40 × 323mm [350dpi]

others 05 >> 7 × 216mm [350dpi]

others 06a >> 14 × 216mm [350dpi]

others 06b >> 15 × 190mm [350dpi]

others 07a ~ c ››
10 × 10mm [350dpi]

others 08a ~ c ››
10 × 10mm [350dpi]

others 09a ~ d ››
10 × 10mm [350dpi]

others 10a ~ c ››
10 × 10mm [350dpi]

others 11a ~ c ››
10 × 10mm [350dpi]

others 12a ~ c ››
10 × 10mm [350dpi]

others 13a ~ c ››
10 × 10mm [350dpi]

others 14a ~ c ››
10 × 10mm [350dpi]

others 15a ~ c ››
10 × 10mm [350dpi]

紙・布・テクスチャー素材集

2010年 5月20日　初版第1刷発行
2010年 12月24日　　第2刷発行

ブックデザイン：大島依提亜／中山隼人

撮影：北郷 仁

データ作成協力：有限会社エム

編集：根津かやこ

発行元　パイ インターナショナル

〒170-0005 東京都豊島区南大塚 2-32-4（東京支社）

TEL：03-3944-3981　FAX：03-5395-4830

sales@pie-intl.com

埼玉県蕨市北町 1-19-21-301（本社）

内容に関するお問い合わせは下記までご連絡ください。

PIE BOOKS　TEL：03-5395-4819

印刷・製本　アベイズム株式会社

制作協力　PIE BOOKS

ISBN978-4-7562-4026-2 C3070